Johanna Hartwig

Momente

www.tredition.de

© 2012 Johanna Hartwig

Verlag: tredition GmbH, Hamburg
ISBN: 978-3-8495-4398-3
Printed in Germany

Bibliografische Information der Deutschen Nationalbibliothek:
Die Deutsche Nationalbibliothek verzeichnet diese Publikation in
der Deutschen Nationalbibliografie; detaillierte bibliografische Da-
ten sind im Internet über http://dnb.d-nb.de abrufbar.

Inhaltsverzeichnis

Buch des Lebens

Ich habe gerad' das Buch gefunden,
in das das Leben seine Zeilen schreibt.
Es ist mit Leidenschaft und Blut gebunden
aus dem Papier der Ewigkeit.
Gefüllt mit wundervoll'n Geschichten
voll Liebe, Glück und Zuversicht,
unsagbar traurigen Gedichten,
in denen auch das Stärkste bricht.
Lies mir von Liebe und von Tränen,
von dem, was geht, und dem, was bleibt.
Auch wenn wir uns nach Freiheit sehnen,
sind wir doch, was das Leben schreibt.

Eine Liebesgeschichte

Liebe

Liebe leuchtet in den Sternen,
Liebe klingt als Lied,
Liebe wird sich nie entfernen,
auch wenn man sie nicht sieht.

Liebe fällt als Regen nieder,
Liebe scheint als Sonnenlicht,
Liebe hallt als Lachen wieder,
Liebe, die vergisst man nicht.

Streckt sie nach dir ihre Triebe,
wehr' dich nicht, ihr Raum zu geben,
nichts ist stärker als die Liebe,
man braucht sie, wie die Luft zum Leben.

Verboten jeder Blick zu dir,

doch schaue ich so gern.

Trotzdem bleibe ich dir fern

und Traum um Traum erwacht in mir.

Wir wandern in geheimen Räumen,

es weht geheimnisvoller Wind,

denn ich weiß, auch in meinen Träumen,

dass sie mir streng verboten sind.

Wie kannst du nur so reizvoll sein?

Fast unverschämt könnt' man es nennen!

Träum' ständig vom Zusammensein,

als würd' ich nicht die Wahrheit kennen.

Haltlos

Wild und frei

ein Wind

so unaufhaltsam.

Du änderst die Richtung

willkürlich

unberechenbar

plötzlich.

Dich darauf verlassend

dass mein Traum vom Fliegen

stärker ist,

meine Hoffnung größer

als mein Sinn für Realität.

Du kannst nicht spüren,

wie du mich beeinflusst

umher wirfst

verwirrst

und verknotest.

Mich hält

nur ein Traum bei dir.

Der Traum

mit dir frei zu sein

unaufhaltsam

gemeinsam

fliegen.

Doch es bleibt nur ein Traum.

Morgengrauen

Ein Zauber liegt in der Luft.
Denn wir tanzen wie die Schmetterlinge
Hoch über jeder Vernunft

Leg meine Seele neben Deine
Lebensbahn' berühren sich
Sanft ertasten deine Lippen meine

So liebevoll, wie du mich hältst
Wie glücklich ruht dein Blick auf mir
Atempause für die Welt.

Fern vom Leben dieser Ort
Das Morgengrauen verflüchtigt sich
Und wir fliegen mit ihm fort.

*I*ch folge deinem Lächeln

bis ans Ende dieser Welt,

such mit off'nen Augen alles,

alles, was dir gefällt.

Eile bis zu den Sternen,

wenn deine Stimme ruft.

Will nicht verstehen, will nicht lernen,

allein die Liebe ist genug.

Eine Liebeserklärung

Hör mir kurz zu, ich muss Dir sagen,
was ich Dir doch nicht sagen kann.
Werd's nie versteh'n, trotz tausend Fragen
und fang' doch zu verstehen an.

Du zeigst mir, was ich dir so gern
auch erklären will,
doch ist es für dies Gedicht,
wie lang's auch wird, zu viel.

Man kann zwar eine Rose malen,
doch zeigt das Bild nie ihren Duft.
Denn auch noch so schöne Farben
bemalen nie die Luft.

So kann ich zwar von Liebe schreiben,
doch sie niemals wiedergeben.
Was immer meine Worte zeigen,
Liebe dichtet nur das Leben.

Wie geht es dir? Vermisst du mich?

Denkst du an mich, wenn du erwachst?

Ich denk an dich, vermisse dich

und träume von dir jede Nacht.

Denk du an mich, vermisse mich

und träume von mir in der Nacht,

dann wird es wahr, ich geb' nicht auf

bis ich neben dir erwach'.

Eifersucht

Ich kann mich nicht wehren!

Wie mich von innen zerfrisst,

was ohne Verstand und ungerecht ist.

Ich kann mich nicht wehren!

Ich kann es nicht halten!

Es tobt in mir,

wildes, wütendes Raubkatzentier.

Ich kann es nicht halten!

Es reißt die Gedanken

in grausame Szenen,

wie das Fieber des Kranken,

pumpt Blut in die Venen.

Ich liege erschlagen

am Boden der Welt,

meine Ängste getragen

bis zum Himmelszelt.

Ich kann es nicht halten,

was mein Herz gerad' zerfrisst,

unglaublich hassend und schädlich ist.

Ich kann es nicht halten!

Ich kann mich nicht wehren,

wie ich mich auch verbiege,

denn in mir tobt grausam

wild gewordene Liebe.

Zeit

Ich bin bereit zu hoffen
an jedem neuen Tag,
ich bin für vieles offen,
was auch geschehen mag.

Ich bin bereit zu geben
und brauch nicht viel zurück,
will nicht dein ganzes Leben,
verlang' kein ew'ges Glück.

Ich brauch nicht viel als Antwort,
doch bitte mehr als nichts!
Stößt manches unbeachtet fort,
merkst nicht, was du zerbrichst.

Ich bin bereit zu hoffen
an jedem neuen Tag,
ich bin für vieles offen,
was auch geschehen mag.

Enttäuscht zu werden, ist nicht schön.

Ich schau zur Hoffnung rauf.

Wie lang kann ich den Sinn noch seh'n?

Und wann geb' ich dich auf?

Zweifel

Es kann wohl niemand je erzählen,

wie die Welt schon morgen ist.

Niemand kann der Welt befehlen,

dass sie uns morgen nicht vergisst.

Ich kann mein Herz grad' nicht erreichen,

kann nicht verstehen, was es sagt,

doch aus meinen Augen weichen

Tränen, als ob es etwas ahnt.

Bitte Welt, vergiss uns nicht

und bitte Herzschlag, hör nicht auf.

Ich habe Angst um Dich und mich

und vor der Tage Lauf.

Es ist alles so logisch,

doch es macht keinen Sinn.

Wo bist du? Und wo ich?

Nehmen einfach alles hin.

Es gab so viele Gründe,

doch ich versteh sie nicht.

Sag, wo liegt die Sünde?

In der Liebe oder Pflicht?

Was soll ich tun? Ich weiß es nicht.

Komm zu mir, gib mir Rat!

Erzähl mir, was dein Herz dann spricht,

zeig mir der Liebe Pfad.

Nach leuchtenden Nächten

fängt das Leben mich wieder

ein, wie ein graues Meer.

Nach funkelnden Tagen

hält das Leben mich wieder

gefangen und fern von dir.

Mit glanzlosen Augen

nimmt das Leben mich wieder

auf. Ich vermisse dich sehr.

Kann man einen Schatten lieben,

wenn dieser in sich Träume trägt?

Was ist dann von dem geblieben,

der in ihn alle Hoffnung legt?

Ja, man kann, ich hab's erfahren.

Ja, man kann zu Schatten singen.

Es gibt viele, die sie sahen,

und doch keine, die sie fingen.

Der Liebende merkt all das nicht,

bis die Nacht ihn doch erreicht

und mit dem letzten Strahl vom Licht

auch der Schatten ihm entweicht.

Fortgegangen

Warum muss traurig enden,
was voll Glück und schön begann?
Wie viele Träume muss ich senden,
dass einer sich erfüllen kann?

Die Fragen drehen sich im Kreis,
Antworten sind nirgendwo.
So viel von dir, was ich nicht weiß.
Warum vermisse ich dich so?

Du siehst nichts, bist nicht bereit,
was um uns war, zerbricht.
Ich musste geh'n, es tut mir Leid,
das Leben wartet nicht.

Rastlos kreisen die Gedanken,

werden nie mehr Wahrheit sein,

bring' die Wirklichkeit zum Wanken,

spinnen Traum und Hoffnung ein.

Ich häng' so sehr an diesem Traum,

am Glück, das mal gewesen ist.

Zu vergessen ist es kaum,

obwohl du unerreichbar bist,

so weit fort. - Ich atme leise,

die letzten Tränen im Gesicht.

Einsam ist jetzt meine Reise,

bin so verloren ohne dich.

Kann noch den Engel in dir seh'n,

der zu mir auf Erden fiel.

Erinnerungen woll'n nicht gehen,

bin am Ende, fern vom Ziel.

Ich denk an dich, woran denkst du?

Ich senke meine Lider.

Gedanken dreh'n sich immerzu.

Vergang'heit kommt nicht wieder.

*H*infort geweht im Wind der Zeit

verblassen die Erinnerung'n.

Irgendwann ist es soweit,

Vergessen hat mein Herz bezwung'n.

Ja, noch strecke ich die Hand

nach jeder Farbe, die noch blieb,

auch wenn Zeit verrinnt wie Sand,

ist mir jedes Bild noch lieb.

Doch ich kann die Zeit nicht halten.

Sie strebt beständig nur voran.

Bin gefangen in Gewalten,

die ich niemals lenken kann.

Ich dreh mich...

Ich dreh mich, ich dreh mich solang schon im Kreis,

sodass ich schon viel zu lang nicht mehr weiß,

wo vorne, wo hinten und wohin zu geh'n.

Nirgends Konturen nur Schlieren zu seh'n.

Ich dreh mich und dreh mich, obwohl ich nicht will,

die Gedanken, sie dreh'n sich, denn mein Herz, es steht still.

Komm zu mir und hilf mir, kann nicht mehr klar seh'n,

kann nicht fliehen, nichts lenken, nur immerzu dreh'n.

Ich dreh mich und dreh mich, ich bin es so leid.

Ich suche nach dem, der mich endlich befreit.

Liebe

Es gibt ein Ziel,
doch man findet es nicht,
und wo immer du bist,
da findet es dich.

Es gibt eine Kraft,
die die Welt um sich dreht,
aber keine Physik,
die sie versteht.

Es gibt eine Wahrheit,
die über allen Worten steht
und wie ein lauwarmer Wind
um uns alle weht.

Benebelt die Sinne
und schärft sie zugleich,
hebt uns empor,
macht uns ganz leicht.

Es raubt uns den Atem
und hält uns ganz fest.
Es ist das Gefühl,
das unser Herz schlagen lässt.

Ich suche Worte...

Schokolade

Jede Reihe eine Zeile,

jede Tafel ein Gedicht,

verführe mich für eine Weile,

widerstehen kann ich nicht,

denn wie du weißt:

Ich liebe dich.

Tänzerin

Sie hebt den Arm und lächelt mild,

sie gleitet sanft und dreht sich wild.

Sie lacht und springt, sie springt und fliegt,

gibt alle Liebe der Musik.

Sie tanzt allein, mal auch zu zweit.

Sie tanzt der weiten Welt entgegen,

auf ihre Art, zu jeder Zeit,

tanzt durch ihr Leben.

Trümmerfrau

Sie packt den Stein und reicht ihn weiter,

ringsherum scheint keiner heiter.

Not ist dort, wo man auch schaut.

Man schuftet stumm, die Angst schreit laut.

Trümmer liegen überall,

Häuser und Leben stürzten ein.

Tag und Nacht geprägt von Qual,

von Hunger und dem Einsamsein.

Stein um Stein, sie kann nicht mehr,

Stein um Stein, es ist so schwer.

All' ihre Kraft ließ sie allein,

nur noch die Hoffnung trägt den Stein.

Kein Mann zu sehen weit und breit,

Nur noch Frauen steh'n bereit.

Jede verlor, was lieb ihr war,

nun sind sie füreinander da.

Lachen erlöst kurz da Herz,

gemeinsam man ein Liedchen summt,

Singen gegen Angst und Schmerz,

doch sogleich ist's schon verstummt.

Stein um Stein, sie kann nicht mehr,

Stein um Stein, es ist so schwer.

All' ihre Kraft ließ sie allein,

nur noch die Hoffnung trägt den Stein.

Ein Soldat geht durch die Gassen.

Er kann den Blick nicht von ihr lassen,

einsam ist er, fern von zu Haus,

sein' Wunsch nach Nähe badet sie aus.

Diese Angst lebt Tag um Tag.

Sie fürchtet Seele, Herz und Leib

Erleichtert, wenn er sie nicht mag,

größtes Leid, sobald er bleibt.

Stein um Stein, sie kann nicht mehr,

Stein um Stein, es ist so schwer.

All' ihre Kraft ließ sie allein,

nur noch die Hoffnung trägt den Stein.

Zwei kleine Kinder brauchen sie.

Ein' warmen Schlafplatz gibt es nie.

Was soll sie ihn' heut' Abend geben?

Wovon soll'n sie überleben?

Die Steine werden immer schwerer,

Herz und Seele immer leerer.

Nichts als Trümmer ihre Welt,

beendet, als sie zu ihn' fällt.

Stein um Stein, sie konnt' nicht mehr,

Stein um Stein, es war so schwer.

Die Hoffnung ging, sie war allein,

nun trägt keiner mehr den Stein.

Frühlingstag

Ich sitze hier im Apfelbaum
und wackle mit den Zehen,
'ne Blüte hängt am Kleidersaum,
kein Wölkchen ist zu sehen.
Rosa-weiße Blüten
leuchten rings herum,
als woll'n sie mich behüten.
Ich hör die Bienen summ'.
Ameisen rennen eifrig
auf Ästen hin und her,
Vögel zwitschern fröhlich,
erfreuen mich so sehr!
Freundlich brummt 'ne Hummel,
der Wind spielt mit meinen Haar'n.
Die Sonne scheint am Himmel,
das Leben lacht mich an!

Streit

Ich höre zu, wie sie sich streiten

und spüre, dass es keiner will,

alles sind nur Kleinigkeiten,

die wahren Wunden schweigen still.

Worte, wie Pfeile durch den Raum,

der Schutzschild beider voller Löcher,

denn Trotz und Trauer schützen kaum,

sie schür'n den Kampf und machen schwächer.

Sie wissen nichts, als anzugreifen,

weil sie einander nicht versteh'n.

Sie wollen gar nicht erst begreifen,

wie ähnlich sie einander seh'n.

Frei, wie ein Vogel

Frei, wie ein Vogel, möcht' ich sein,
mal bei der Schar und mal allein,
mal an diesem, mal an jenem Ort,
lauert Gefahr, so flieg ich fort.

Frei, wie ein Vogel, das wär' schön!
Aus den Lüften in die Ferne seh'n,
freies Gleiten mit dem Wind,
elegant, froh und geschwind.

Frei, wie ein Vogel in den Winden,
fröhlich flatternd Freiheit finden,
immer der Sonne entgegen,
welch ein sorgloses Leben!

Stimmen

Lachen,
Geschrei, Kreischen,
Rufen, Flüstern,
Kichern, Tuscheln

Überall Lärm
Überall Stimmen
Wie Sägen
fressen sie sich
in meinen Kopf,
fressen sich in alles,
was mir geblieben ist.
In die Stille
In das Nichts

Zerreißen

die Erinnerung an das Ende.

Bedrängen mich.

Lassen mich nicht sein.

Es sind Stimmen überall.

Stimmen überall.

Überall.

*I*ch suche Worte,

kratzend und beißend,

liebend und leuchtend,

lebend und aus Stein.

Denn all die lieben Worte,

viel zu rund und brav

- Ich ertrag sie nicht mehr!

Die neuen Worte zeigen Schönheit

Kälte, Wärme, Schmerz,

Gefühle, Bilder, Irreales,

Starre und Wandel, Liebe und Hass.

Lies in ihnen die Wahrheit,

doch pass' auf! Denn sie lügen.

Engel

Ich halte in den Händen
ein kleines Bild von dir.
Ich trag's an alle Enden
von dieser Welt bei mir.
So leitest du mich immer,
sicher Tag und Nacht,
und trauern muss ich nimmer,
weil stets mein Engel wacht.
So schlaf' ich ruhig und selig
und träume süß von dir,
du bist mein Engel ewig,
bist stets so nah bei mir.

Die kalte Symphonie

Schaurig klingt das Wiegenlied,

voll Kälte und voll Schmerz,

als ob man bleiche Geister sieht.

Es zerrt am warmen Herz,

setzt die Angst in es hinein,

die den Verstand entreißt.

Alle Hoffnung'n gehen ein,

denn Liebe wird vereist.

Nun sind die Geister überall,

sie kreischen zur Musik.

Kalt ist der Klagen Widerhall,

die Kälte ist ihr Sieg.

Farblos ist die ganze Welt,

traurig, kalt und leer.

Das Lied in ew'gem Griff sie hält,

es gibt sie niemals her.

Schaurig klingt das Wiegenlied,

voll Kälte und voll Schmerz,

lässt nicht zu, dass jemand flieht.

Es spielt mit deinem Herz.

Zerrt daran und reißt daran,

durchdringt es mit dem Eis.

Die Geister schweben schon heran.

Nun ist die Welt schwarz-weiß.

Du spürst der Geister Leiden nun,

das Lied durchdrang auch sie.

Der Klang lässt dich nie wieder ruh'n;

die Kalte Symphonie.

Ohne Herz bist du ganz leicht,

schwebst kreischend durch die Nacht.

Das letzte bisschen Hoffnung weicht,

die Ewigkeit erwacht.

Schaurig klingt das Wiegenlied,

voll Kälte und voll Schmerz.

Entschwindend es dich mit sich zieht,

ohne Seele, ohne Herz.

Engel

Einsam zieh ich durch die Gegend,

einsam wandert auch mein Herz,

Zweifel in sich schwer bewegend.

Ich sehe nur noch Leid und Schmerz.

Wer ist bei mir? Wer ist mit mir?

Nimmt mich jemand in den Arm?

Wer ist da und trägt mich fort hier,

wenn ich nicht mehr gehen kann?

Einsamkeit begleitet mich.

So scheint's mir, doch ich irr!

Es leuchtet noch der Hoffnung Licht,

da ist noch irgendwer!

Da beugt mein Engel sich zu mir

und spricht: „Nicht traurig sein!

Ich wache jeden Tag bei Dir

und lass' Dich nie allein!"

Abendgruß

Der Tag war schön, die Sonne schien.

Du hast gestritten und verzieh'n,

hast ein trauriges Gesicht gemacht

und warst fröhlich, hast gelacht,

hast viel gelernt und viel geseh'n,

ja, so viel ist heut' gescheh'n.

Nun ist Abend und die Sterne

zünden ihr Licht an in der Ferne.

Den ganzen Tag war ich bei dir

in Gedanken, nun komm du zu mir.

So sind wir uns wieder nah,

auch wenn ich dich lang nicht sah.

Schlaf in Gedanken bei mir ein,

träum' süß von mir, mein Engelein.

Momente

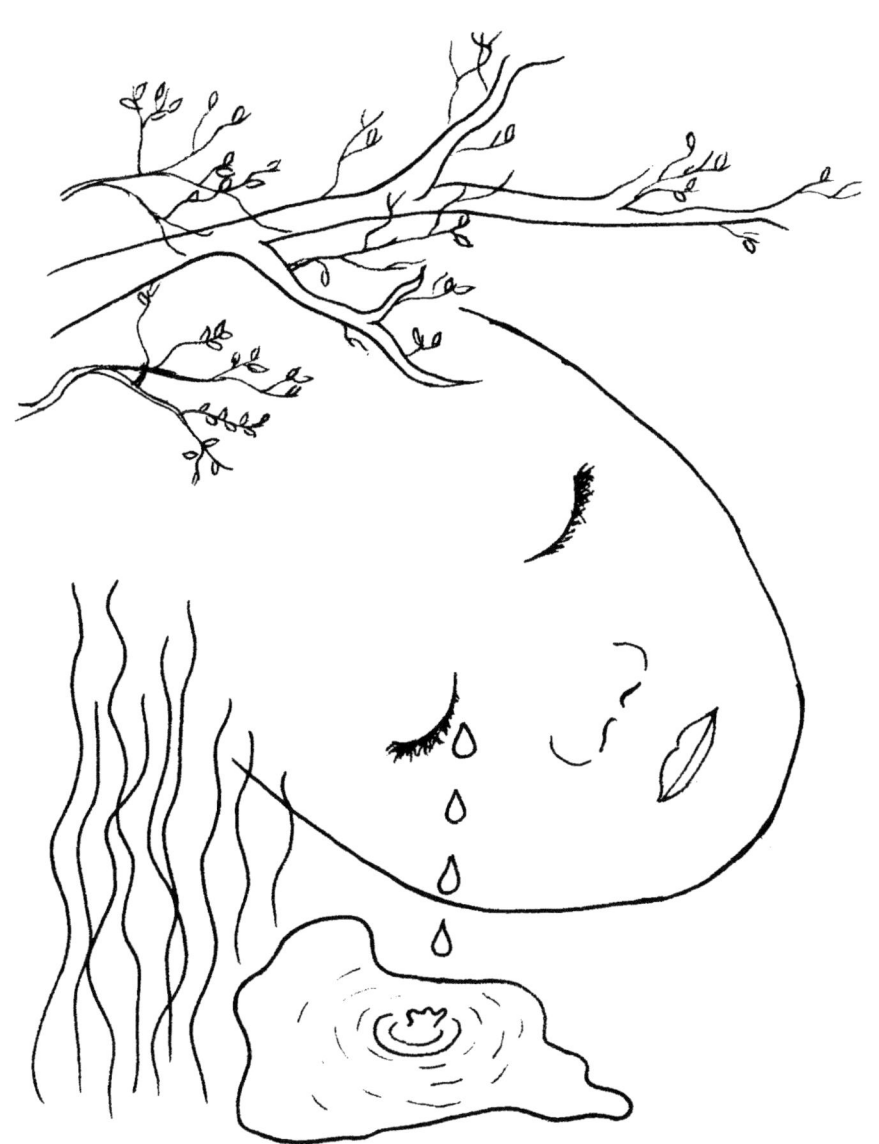

I

*D*ie Welt ist wie ein Aquarell,

Vom Regen schwer die Luft,

Das Tageslicht verschwindet schnell,

Es bleibt ein Frühlingsduft.

II

Leises Knistern unter Sternen,
Im Wind flackert das Licht,
Warme Funken schwärmen
um dein rauchverschleiertes Gesicht.

III

*D*ie Schaukel schwingt verlassen,

Mondlicht durch die Nacht,

Nach unbewegten Sternen fassen.

Die Schaukel fliegt so sacht.

IV

Ein seichter Fluss im Sonnenlicht,

Vögel zwitschern in den Bäumen,

Ein Windhauch streichelt ihr Gesicht,

Die Welt hält an zum Träumen.

V

*H*inter abendgrauen Wolken strahlt das Sonnenlicht,

Gelb-graue Fetzen auf himmelblauem Papier,

Kälte entweicht aus abendgrünen Wiesen,

Blass blickt der Mond zu ihr.

VI

Unbewegte Lichter unten und oben,

Um uns die zeitlose Nacht,

Während schneidend kalte Winde toben,

Werde ich von deinen Armen bewacht.

Seltsam, wie sich Dinge wandeln,

wie Perfektes plötzlich bricht,

wie Entscheidungen sich fällen,

ohne, dass man ein Wort spricht,

wie die Welt in Scherben klirrt,

wie welkt, was doch so schön gedieh'n,

wie das Glück zu Trauer wird,

wie endet, was unendlich schien.

So schnell wird Flug zu freiem Fall,

so schnell weht alles fort,

was vorher doch noch überall,

so leer wird jedes Wort.

Wasserlauf

Jede Farbe trägt der Fluss,
die des Himmels, die der Erde
die von einem zarten Kuss
die von süßer Begierde
die Farbe von Dir, die Farbe von mir
die Farben der Blumen und Bäume
die Farben der Ferne, die Farben von hier
die Farben der Wünsche und Träume
die Farben der Nacht und die vom Tag
die Farben vom Lachen und Weinen
die Farben des Lebens, die Farbe vom Tod
die Farben von allem und keinem.

*L*angsam steigt der Mond hinauf,

Tränen im Gesicht.

Das Leben nimmt so seinen Lauf,

es fragt die Menschen nicht.

Vögel fliegen durch die Luft,

verabschieden den Tag.

Ihr Lied dem letzten Rot zuruft,

doch Zeit verstreicht, wie sie es mag.

Egal, wie ich sie darum bat,

sie hat mich nie gefragt,

mal hat sie sich nicht fort gewagt,

mal blieb mir nichts bewahrt.

Im Garten vor mir blühen Rosen.

Bei seiner Mutter liegt ein Reh.

Schau, wie die beiden sich liebkosen!

Sag, siehst du, was ich seh'?

Ich weiß, dein Geist ist endlich frei,

bist bei mir, wo ich geh'.

Schau, ein Vogel fliegt herbei!

Sag, siehst du was ich seh'?

Wenn ja, lass uns dem Rot nachschauen,

ohne Trauer, wohl geborgen.

Denn hör, wie's schon die Feen raunen:

Es kommt ein neuer Morgen!

Wortemantel

Ich hülle mich in Worte,
wie ein Mantel, der mich schützt,
warm und weich und tröstend,
denn die Welt ist all das nicht.

Ich hülle mich in Worte,
wie eine Decke in der Nacht,
warm und weich und sicher
vorm bösen Traum bewacht.

Ich hülle mich in Worte,
wenn deine Arme nicht mehr reichen,
weil Zuneigung und Sicherheit
gerad' nicht nach innen reichen.

Ich hülle mich in Worte,
wenn in mir selbst etwas zerspringt,
sodass die wirbelnden Gefühle
an Worte festgebunden sind.

Ich hülle mich in Worte,

wie ein Mantel, der mich schützt,

warm und weich und tröstend,

was auch immer gerad' zerbricht.

Nachwort

Ich hoffe sehr, dass Dir dieses Buch gefallen hat und Dich zumindest ein paar der Gedichte berührt haben. Ein paar Worte zum Inhalt dieses Buches möchte ich noch verlieren, um kein falsches Bild von mir zu schaffen:

Wenn man so durch die Seiten blättert, muss man den Eindruck erlangen, ich sei ein ziemlich trauriger Mensch und hätte viel Schlimmes erlebt. Das ist zum Glück nicht so. In den Gedichten wirken einige Situationen heftiger und trauriger, als sie tatsächlich waren, einige betreffen gar nicht mich. Der Hauptgrund allerdings wird sein, dass man seine glücklichen Gefühle i.d.R. nicht irgendwie verarbeiten muss, sondern sie direkt mit seinem Umfeld teilt. Das ist bei mir genauso. Und meine traurigen Gefühle teile ich eben mit dem Papier. Dieses Buch soll kein Sammelsurium meiner Leiden darstellen, mir geht es gut!

Dieses Buch ist viel mehr der Weg meiner Gedichte in die Welt.

Da Du dieses Buch in den Händen hältst, haben sie ihren ersten Schritt getan und es freut mich, dass sie wohlbehalten bei Dir angekommen sind!

Außerdem möchte ich mich noch bedanken.

In der Regel findet man in einer Danksagung jede Menge Leute, die man nicht kennt. In dieser Danksagung, stehst zuerst Du:

Danke, dass Du dieses Buch gekauft und gelesen hast! Vielleicht hat es Dir sogar so gut gefallen, dass Du es weiterempfehlen kannst. ;)

Um auch die ganzen Leute, die man nicht kennt (aber kennen sollte), nicht zu kurz kommen zu lassen, ein riesiges Danke an: Sarah, für das Lektorat; Irma, für die tanzende Unterstützung beim Werben für dieses Buch; Kristin, für das erste Anhören vieler Gedichte; Jutta, für eine erste Bühne; Angelika, für das Bestärken, dass ich mich auf dem richtigen Weg befinde; Steffen, für das Mitüberlegen und Mitnachdenken, die guten Tipps und das Lektorat!

Und der größte Dank an Mama, Papa, Helge, Steffen und Oma und meine wundervollen Freunde (die teilweise schon genannt wurden), die mich nicht nur bei diesem Buch unterstützt haben und unterstützen, sondern auch in allen anderen Lebensbereichen! Danke, für das Dasein und das an mich Glauben!

www.tredition.de

Über tredition

Der tredition Verlag wurde 2006 in Hamburg gegründet. Seitdem hat tredition Hunderte von Büchern veröffentlicht. Autoren können in wenigen leichten Schritten print-Books, e-Books und audio-Books publizieren. Der Verlag hat das Ziel, die beste und fairste Veröffentlichungsmöglichkeit für Autoren zu bieten.

tredition wurde mit der Erkenntnis gegründet, dass nur etwa jedes 200. bei Verlagen eingereichte Manuskript veröffentlicht wird. Dabei hat jedes Buch seinen Markt, also seine Leser. tredition sorgt dafür, dass für jedes Buch die Leserschaft auch erreicht wird

Autoren können das einzigartige Literatur-Netzwerk von tredition nutzen. Hier bieten zahlreiche Literatur-Partner (das sind Lektoren, Übersetzer, Hörbuchsprecher und Illustratoren) ihre Dienstleistung an, um Manuskripte zu verbessern oder die Vielfalt zu erhöhen. Autoren vereinbaren unabhängig von tredition mit Literatur-Partnern die Konditionen ihrer Zusammenarbeit und können gemeinsam am Erfolg des Buches partizipieren.

Das gesamte Verlagsprogramm von tredition ist bei allen stationären Buchhandlungen und Online-Buchhändlern wie z. B. Amazon erhältlich. e-Books stehen bei den führenden Online-Portalen (z. B. iBook-Store von Apple) zum Verkauf.

Seit 2009 bietet tredition sein Verlagskonzept auch als sogenanntes "White-Label" an. Das bedeutet, dass andere Personen oder Institutionen risikofrei und unkompliziert selbst zum Herausgeber von Büchern und Buchreihen unter eigener Marke werden können.

Mittlerweile zählen zahlreiche renommierte Unternehmen, Zeitschriften-, Zeitungs- und Buchverlage, Universitäten, Forschungseinrichtungen, Unternehmensberatungen zu den Kunden von tredition. Unter www.tredition-corporate.de bietet tredition vielfältige weitere Verlagsleistungen speziell für Geschäftskunden an.

tredition wurde mit mehreren Innovationspreisen ausgezeichnet, u. a. Webfuture Award und Innovationspreis der Buch-Digitale.

tredition ist Mitglied im Börsenverein des Deutschen Buchhandels.